# KARL PETERS

Untersuchungen
zum Fehlurteil im Strafprozess

# SCHRIFTENREIHE
# DER JURISTISCHEN GESELLSCHAFT e.V.
# BERLIN

Heft 29

Berlin 1967

## WALTER DE GRUYTER & CO.

vormals G. J. Göschen'sche Verlagshandlung · J. Guttentag, Verlagsbuchhandlung
Georg Reimer · Karl J. Trübner · Veit & Comp.

# Untersuchungen zum Fehlurteil im Strafprozess

Von

D r. K a r l  P e t e r s

Professor an der Universität Tübingen

Vortrag
gehalten vor der
Berliner Juristischen Gesellschaft
am 2. Dezember 1966

Berlin 1967

WALTER DE GRUYTER & CO.

vormals G. J. Göschen'sche Verlagshandlung · J. Guttentag, Verlagsbuchhandlung
Georg Reimer · Karl J. Trübner · Veit & Comp.

Archiv-Nr. 2 727 67 4

Satz und Druck : $ Saladruck, Berlin 36
Alle Rechte, einschließlich der Rechte der Herstellung von Fotokopien und Mikrofilmen,
vorbehalten

# I.

Das im Jahre 1960 erschienene Buch von Max *Hirschberg,*
Das Fehlurteil im Strafprozeß (Zur Pathologie der Rechtsprechung) hat zu Erörterungen im Bundestag Anlaß gegeben,
in deren Verlauf das Bundesjustizministerium den Vorschlag
unterbreitete, die Akten über durchgeführte Wiederaufnahmeverfahren zum Zwecke der Feststellung von Fehlerquellen im
Strafverfahren einer wissenschaftlichen Forschungsstelle zur Verfügung zu stellen. Die Pläne nahmen greifbare Gestalt an, als
sich die Möglichkeit bot, mit Hilfe der deutschen Forschungs-
gemeinschaft diese Untersuchungen in der Forschungsstelle für
Strafprozeß und Strafvollzug in Tübingen durchzuführen. Als
Grundstock sollten die Akten über durchgeführte Wiederaufnahmeverfahren der allgemeinen Strafrechtspflege aus den
Jahren 1951 bis 1961, später erweitert bis auf das Jahr 1963
(einschl.) dienen. In der grundlegenden Aussprache wurde von
den Vertretern des Bundesjustizministeriums ausdrücklich hervorgehoben, daß die Forschungen in unbeschränkter Freiheit
durchgeführt werden sollten, daß es nicht um Fragen des Pre-
stiges ginge, sondern daß es allein darauf ankäme, etwaige
Mängel abzustellen und Fehlerquellen zu verstopfen.

Die Akten wurden der Forschungsstelle über die Justizmini-
sterien der Länder zur Verfügung gestellt. Die Aktenüber-
sendung ging, von einer Ausnahme unerheblicher Art abgesehen, reibungslos vor sich. Die Ermittlung der in Betracht
kommenden Akten erfolgte durch die Staatsanwaltschaften. Eine
gewisse Schwierigkeit ergab sich daraus, daß die Aktenverzeich-
nisse vielfach den Charakter eines Verfahrens als Wiederaufnahmeverfahren nicht erkennen lassen. Infolgedessen dürfte das

vorgelegte Material nicht ganz vollständig sein. *Judex*[1] teilt aus
Bayern höhere Zahlen mit, als sie den uns übersandten Akten
entsprechen. Die Zahlen von *Judex* liegen etwa um das Drei-
fache höher. Einer meiner Doktoranden Walter *Kiwit,* der schon
vorher während meiner Tätigkeit in Münster mit einer Arbeit
über Wiederaufnahmeverfahren im Oberlandesgericht Hamm
begonnen hatte, hat für seine Arbeit das Material aus den Re-
gistern der Staatsanwaltschaften selbst herausgesucht und zu-
fällig gerade 100 Wiederaufnahmeverfahren herausgefunden.
Aus dem Oberlandesgerichtsbezirk Hamm haben wir einen Teil
der Akten, die Kiwit bearbeitet hat, nicht erhalten, dafür wurden uns aber Akten zugesandt, die *Kiwit*[2] nicht gefunden hatte.
Wenn unser Tübinger Material auch nicht ganz vollständig
sein mag, so haben wir doch die Überzeugung gewonnen, daß
die wichtigsten Wiederaufnahmeverfahren uns übersandt worden sind und daß wir Wiederaufnahmeakten in so großer Zahl
vorgelegt erhalten haben, daß wissenschaftlich einwandfreie
Schlüsse gezogen werden können. Unter Hinzuziehung einiger
wenig älterer und neuerer, sowie zweier ausländischer Wiederaufnahmeverfahren konnten wir mehr als 1100 Akten durch-
arbeiten. Es wäre auch kaum möglich, eine größere Zahl von
Wiederaufnahmeverfahren zu überschauen. Die Durcharbeit der
Akten ist bis auf wenige Verfahren, die noch aus irgendeinem
Grund im Umlauf der Justizbehörden sind, in diesem Sommer
abgeschlossen. Wir haben nunmehr mit der Auswertung begonnen, die uns ein bis zwei Jahre beschäftigen wird.

Diese Untersuchungen zum Fehlurteil sind sicherlich nicht die
ersten. Es gibt umfassendes französisches Schrifttum seit Ende
des vorigen Jahrhunderts. *Hirschberg* weist auf angelsächsisches
Schrifttum hin. Aus dem deutschen Schrifttum sind Arbeiten
von *Sello,* Irrtümer der Strafjustiz 1911, *Alsberg,* Justizirrtum
und Wiederaufnahme 1913, *Hellwig,* Justizirrtümer 1914 und
*meine Arbeit:* Zeugenlüge und Prozeßausgang 1939 zu er-
wähnen. Was die neuen Untersuchungen kennzeichnet, ist vor
allem die Tatsache, daß ihnen ein umfassendes, nicht ausgesuchtes

---

[1] JUDEX, Irrtümer der Strafjustiz. Eine kriminalistische Untersuchung
ihrer Ursachen. Hamburg 1963.

[2] KIWIT, Walter, Fehlurteile im Strafrecht. Entstehung, Gesetzmäßigkeit
und Möglichkeiten zur Vermeidung. Münster Diss. 1965.

neuzeitliches Aktenmaterial zugrunde liegt, daß sie außer Fällen der Schwerkriminalität auch die mittlere und leichtere Kriminalität[3] erfassen und daß das Gesamtgebiet einer systematischen Bearbeitung zugeführt werden kann. Naturgemäß muß man sich auch der Begrenzungen eines derartigen Forschungsunternehmens bewußt sein. Im Wesentlichen ist die Untersuchung auf das in den Akten mitgeteilte Material beschränkt. Alles, was aus aktenmäßig nicht erfaßten Umständen zu den verschiedenen Entscheidungen geführt hat, ist nicht bestimmbar, obwohl es unter Umständen wesentlich darauf ankommt. Atmosphäre im Verfahren und Emotionen der Verfahrensbeteiligten sind, obwohl im Einzelfall von entscheidender Bedeutung, aus den Akten oftmals nicht erkennbar. Das macht die Auswertung sehr schwierig. Es entsteht etwa die Frage, warum der Verteidiger bestimmte Beweisanträge nicht gestellt hat, obwohl sie für den Ausgang des Verfahrens, wie sich später herausstellt, entscheidend gewesen wären. Hat der Verteidiger versagt? Oder aber war die Stimmung der Verfahrensbeteiligten so „angeheizt", daß der Verteidiger kaum Aussicht hatte, den Verfahrensgang abzuwenden? Ich habe es erst kürzlich selbst erlebt, wie sehr der Verteidiger durch die im Gerichtssaal bestehende Atmosphäre eingeengt werden kann. Daß die Akten über diese Vorgänge Auskunft geben, kommt zwar gelegentlich, aber eben doch nur gelegentlich vor. Das ist etwa der Fall, wenn Richterablehnungsanträge sich bei den Akten befinden, wenn Angeklagter oder Verteidiger etwa in der Revisionsbegründung, oder in Erklärungen zu den Akten Klage über die Leitung der Verhandlung führen oder aber, wenn sich in den Akten Unterstreichungen oder Randbemerkungen befinden. Unterstreichungen, Ausrufezeichen, Randbemerkungen oder richterliche Äußerungen sind häufig äußerst aufschlußreich. Unter Umständen lassen sie erahnen, wie das Verfahren weitergeht. Nur ein Beispiel aus einem in der vorigen Woche durchgearbeiteten Fall! Es handelt sich um einen Lehrerprozeß, in dem der Lehrer nach Anhörung zweier Sachverständiger verurteilt worden war. Das Wieder-

---

[3] Es sind uns 325 Einzelrichtersachen vorgelegt und untersucht worden. In 158 Verfahren handelt es sich um wiederaufgenommene Verfahren mit Geldstrafen, teils sehr geringer Höhe. 159 Verfahren betreffen Strafbefehlssachen.

aufnahmeverfahren wurde von dem Oberlandesgericht entgegen dem Landgericht für begründet erklärt, nachdem zwei weitere Sachverständige die Aussage des Kindes für höchst verdächtig hielten. Der Vorsitzende übersendet nunmehr die Akten an einen der beiden ersten Sachverständigen zur Vorbereitung eines neuen Gutachtens. In dem Begleitschreiben kommt das Bedauern über den Beschluß des Oberlandesgerichts zum Ausdruck. Es heißt dann: „Das ganze Unglück ist durch den Sachverständigen X veranlaßt". Wie zu erwarten, hat die Strafkammer das Urteil im Grundverfahren aufrechterhalten. Zum Freispruch kam es schließlich dadurch, daß der Bundesgerichtshof das neue Urteil wegen eines Formfehlers aufhob und an ein anderes Gericht verwies. Der Fall ist dadurch von Interesse, daß er vor dem Strafrechtsänderungsgesetz 1964 lag. So vorsichtig man auch mit der Auswertung von Äußerungen und Zeichen sein muß, sie können aber dennoch den Schlüssel für die Erklärung eines bestimmten Verfahrensausganges abgeben.

Zur Unterstützung der Akten können gelegentlich publizistische Äußerungen ausgewertet werden. Das Weidener Wiederaufnahmeverfahren Burke (Verurteilung eines Zollbeamten wegen Totschlags aufgrund angeblichen Wiedererkennens eines laufenden Mannes bei Mondschein) mit späterem Freispruch hat im wissenschaftlichen Bereich wiederholte Erörterungen gefunden. Aufschlußreich sind auch Darstellungen in Zeitungen und Zeitschriften. Einen Wiederaufnahmefall, der mir urteilsmäßig aus meiner dienstlichen Tätigkeit bekannt war, — es handelt sich um eine Verurteilung eines Mannes wegen Mordes in zwei Fällen aufgrund eines angeblichen Geständnisses gegenüber einem auf Anordnung des Untersuchungsrichters als Untersuchungshäftling getarnten Kriminalbeamten (Zeit des Geschehens 1922) und um einem Freispruch im Wiederaufnahmeverfahren wegen erwiesener Unschuld nach Verbüßung von zwölf Jahren Zuchthaus — brachte 40 Jahre später eine Illustrierte. Soweit der Bericht nach den Akten kontrollierbar war, stimmte er genau mit diesen überein. Selbst wenn solche Berichte unter Umständen subjektiv gefärbt sind, können sie wertvolle Aufschlüsse geben. So konnten z. B. eine Novelle, die der Verteidiger über ein Wiederaufnahmeverfahren geschrieben hatte, manche internen Vorgänge, die aus den Akten selbst nicht erkennbar waren, erhellen.

Begrenzt ist die Auswertung des Aktenmaterials hinsichtlich der immer wieder gestellten Frage: Ist der im Wiederaufnahmeverfahren Freigesprochene nun wirklich unschuldig? Es gibt Fälle, in denen diese Frage eindeutig zu bejahen ist. Einen Anhaltspunkt dafür ergibt der Umstand, daß das Gericht dem Angeklagten den Ersatz für unschuldig erlittene Strafhaft zuerteilt hat. Aber mag das geschehen oder nicht geschehen sein, Sicherheit gibt auch dieser Umstand nicht. Die Gerichte wenden die Entschädigungsvorschriften recht unterschiedlich an. Der Leser der Akten ist nicht immer von der Zubilligung als auch von der Nichtzubilligung befriedigt. Bei einer Fülle von Wiederaufnahmeverfahren kann die Frage nach Schuld oder Unschuld nicht beantwortet werden. Vor allem gilt das für Sittlichkeitsdelikte, es sei denn, daß ein einwandfreies Alibi vorhanden ist. Selbst an dem Verfahren beteiligte Personen können verschiedener Ansicht sein. In einem Wiederaufnahmeverfahren, in einem Lehrerprozeß, war ein bekannter Jugendrichter, der die Verhandlung im Wiederaufnahmeverfahren in der ersten Sitzung leitete, die zur Vertagung führte, überzeugt, der Beschuldigte sei der Täter. Das Gericht hat den Verurteilten in der zweiten Sitzung m. E. überzeugend freigesprochen. Der eine Sachverständige war im Gegensatz zum anderen der Überzeugung, der Angeklagte sei unschuldig. Das Beispiel zeigt, wie sehr wir auf Vermutungen angewiesen sind, wenn es beim Wiederaufnahmeverfahren um die Frage: schuldig oder unschuldig? geht. Mir scheint jedoch die Fragestellung falsch. Um von einem Fehlurteil zu Ungunsten eines Angeklagten sprechen zu können, kommt es darauf an, ob das verurteilende Erkenntnis sich im Wiederaufnahmeverfahren beweismäßig als hieb- und stichfest erweist. Ein Fehlurteil stellt eine auf unzulängliche Beweisführung erfolgte Verurteilung dar. Ob das der Fall ist oder nicht, läßt sich an Hand der Wiederaufnahmeverfahren in aller Regel bestimmen. Diese Feststellung genügt; denn die Frage des Fehlurteils ist eine Frage der Beweissicherheit.

Jedoch ist die Frage noch schwieriger zu beantworten, wann ein Fehlurteil *zugunsten* des Angeklagten vorliegt. Ist der Freispruch erfolgt, weil das Gericht die Beweise nicht für überzeugend fand, so entspricht das Ergebnis der Beweis- und Gesetzeslage. Von einem Fehlurteil zugunsten des Angeklagten möchten wir dann sprechen, wenn entweder die Beweislage durch unrichtige oder unwahrhaftige Beweismittel verfälscht worden ist oder die Ermittlungsbehörde und das Gericht offenbar sich anbietende Beweise nicht erhoben haben.

Abgesehen davon, ob ein Urteil als richtig oder falsch zu bezeichnen ist, ergeben die Untersuchungen interessante Aufklärung über die Tatsache verschiedener Bewertungen desselben Sachverhalts. Sie liefern damit einen Beitrag zur Klärung richterlichen Verhaltens. Es ist uns bei mehreren Wiederaufnahmeverfahren aufgefallen, daß im Wiederaufnahmeurteil den Gründen, die Anlaß zur Zulassung und Begründetheitserklärung gegeben hatten, keine Bedeutung beigemessen wurde, daß vielmehr die Beweislage genau die gleiche war wie im Grundverfahren, daß jedoch das Gericht diese anders wertete. Das spielt z. B. in Notzuchts- und Meineidsprozessen eine Rolle.

Zur Ergänzung haben wir einige wenige Verfahren durchgearbeitet, in denen es nicht zum Wiederaufnahmeverfahren gekommen ist, in denen das Wiederaufnahmeverfahren unterwegs auf der Strecke geblieben ist. Die Hinzuziehung solcher Akten gibt unter Umständen die Zufälligkeit deutlich wieder, von der das Gelingen oder Mißlingen eines Wiederaufnahmeverfahrens abhängt. So steht dem von mir in der Mezger-Festschrift dargestellten Lehrerprozeß, in dem ein Lehrer wegen Sittlichkeitsverbrechen an Schülerinnen verurteilt worden war und dann im Wiederaufnahmeverfahren ein Freispruch erfolgte, ein gleichartiger anderer Lehrerprozeß gegenüber, bei dem das Wiederaufnahmeverfahren trotz der Bemühungen der Staatsanwaltschaft, vor allem des zuständigen Generalstaatsanwalts, an der entgegengesetzten Meinung des Oberlandesgerichts scheiterte. Sieht man sich die beiden Verfahren an, so hätte das zweite Verfahren ebensogut wie das erste zum Erfolg führen können, zumal eine Anzahl anerkannter Sachverständiger an der Glaubwürdigkeit der Aussagen der Zeuginnen zweifelten, wie umgekehrt das erste Verfahren hätte erfolglos bleiben können, wenn hier nicht Generalstaatsanwalt und Oberlandesgericht derselben Auffassung gewesen wären.

Der Zufall, ob ein Wiederaufnahmeverfahren durchgeführt wird oder nicht, spielt eine nicht unerhebliche Rolle. Es wird vor allem an den Akten deutlich, in welchem Maß die Auffassung der beteiligten Staatsanwälte und Richter sich auswirkt. Ein erfolgreich durchgeführtes Wiederaufnahmeverfahren wegen Beihilfe zum Mord verdankte seinen Ausgang lediglich dem Umstand, daß der Nebenkläger seine sofortige Beschwerde einen Tag zu spät einlegte. Ein Bote mit einer Geldsendung war von einem 17jährigen, der in der NS-Zeit wegen Geisteskrankheit vergast worden ist, wegen Mordes 1922 vom (alten) Schwurgericht verurteilt worden. Sein älterer Bruder, der wegen Anstiftung zum Mord angeklagt worden war, aber nur wegen Beihilfe zu 15 Jahren Zuchthaus verurteilt wurde, konnte schließlich (nach 30 Jahren!) beim Landgericht die Zulassung des Wiederaufnahmeverfahrens durchsetzen. Der Nebenkläger, Vater des Ermordeten, legte gegen die Zulassung sofortige Beschwerde ein, die, wie bereits gesagt, verspätet einging. Das Oberlandesgericht verwarf zwar die Beschwerde als unzulässig, führte jedoch aus, daß es die Beschwerde an sich für begründet hielt und daß es der sofortigen Beschwerde stattgegeben hätte, wenn sie rechtzeitig eingelegt worden wäre. Das Oberlandesgericht hob hervor, daß das Landgericht beim Begründetheitsbeschluß die für die Zulassung maßgeblichen Gesichtspunkte noch einmal zu prüfen hätte. Das Landgericht führte das Begründetheitsverfahren durch, ordnete eine neue Hauptverhandlung an und sprach den Angeklagten frei. Es spricht vieles dafür, daß der Angeklagte unschuldig verurteilt worden war. Um den einen Tag der Verspätung ging es. Hätte das Oberlandesgericht den Wiederaufnahmeantrag für unzulässig erklärt, so wäre das Wiederaufnahmeverfahren gescheitert und die Aussichten für ein neues Verfahren infolge des Verbrauchs der vorgetragenen Wiederaufnahmegründe äußerst fraglich geworden.

Dem Zufall unterliegt es auch, ob sich die Fehlerhaftigkeit der Feststellungen eines Schwurgerichts infolge einer erfolgreichen sich auf einen Verfahrensmangel stützenden Revision noch vor der Rechtskraft in der zweiten Hauptverhandlung ergibt oder ob die Beseitigung des Mangels infolge Fehlens eines Revisionsgrundes erst im Wiederaufnahmeverfahren erfolgt. So liegt uns ein Mordfall vor, der tatsächlich kein Wiederauf-

nahmeverfahren ist, aber den Problemen nach ganz ähnlich
liegt. Die neuen Beweismittel konnten in der neuen Hauptverhandlung beigebracht werden, die nach Aufhebung des Urteils durch den BGH erfolgte.

Die untersuchten Wiederaufnahmeverfahren sind ganz über-
wiegend solche zugunsten des Verurteilten. Verfahren zu Ungunsten haben wir knapp 90 überprüft, wovon freilich mehr
als 20 dasselbe Ergebnis wie das Grundverfahren hatten. Es
kommen nur zwei Wiederaufnahmegründe zu Ungunsten vor:
das spätere Geständnis des Freigesprochenen (etwa $2/3$ der Fälle),
wobei in Einzelfällen es sogar fraglich sein kann, ob es sich
wirklich um ein Geständnis handelte, und im übrigen falsche
Aussagen von Zeugen. Die Möglichkeit der Durchführung von
Wiederaufnahmeverfahren zu Ungunsten eines Freigesprochenen
nach deutschem Strafverfahrensrecht muß bei Vergleich mit ausländischen Wiederaufnahmeverfahren insofern berücksichtigt
werden, als in ausländischen Rechten zuweilen nur ein Wiederaufnahmeverfahren zugunsten eines Verurteilten vorgesehen
ist. Es muß auch davor gewarnt werden, unsere Zahlen mit
ausländischen zu vergleichen, sofern nicht die Gleichheit der
Rechtslage festgestellt ist. Es gibt Rechte, nach denen ein
Wiederaufnahmeverfahren voraussetzt, daß ein anderer wegen
der dem Verurteilten zur Last gelegten Tat verurteilt worden
ist. Es erscheint überhaupt wenig sinnvoll, statistische Ergebnisse
oder gar Ergebnisse statistisch mit anderen Ländern zu vergleichen, weil nicht nur die Höhe der Anzahl der Verfahren un-
gewiß ist, weil es zahlreiche Fälle gibt, in denen die Verurteilung erfolgt ist, obwohl die Beweise nicht ausreichten oder
der Verurteilte sogar unschuldig ist, weil es aber auch Wiederaufnahmeverfahren gibt, deren erfolgreiche Durchführung
durchaus zweifelhaft ist (130 Fälle, ca. 12 % unseres Materials),
wie umgekehrt die Erfolglosigkeit der Wiederaufnahmeverfahren
Bedenken erregt, weil kurz und gut eine ganze Anzahl von
Unsicherheitsfaktoren mitspielen.

Wir haben daher der Definition des Fehlurteils entsprechend
von vornherein unser Augenmerk auf die Frage gerichtet, inwiefern die erfolgreichen Wiederaufnahmeverfahren auf Fehler
der Beweisführung im Grundverfahren beruhen, inwiefern bei
sorgfältiger Beweisaufnahme entweder ein richtiges Urteil im

Grundverfahren zustandegekommen wäre oder doch einem Wiederaufnahmeverfahren von vornherein der Boden entzogen gewesen wäre.

Da es bei den Tübinger Untersuchungen um die Problematik der Beweisführung, und zwar der Beweisführung in der Alltagspraxis geht, sind vorweg alle Wiederaufnahmeverfahren ausgeschlossen worden, die darauf beruhen, daß das Bundesverfassungsgericht eine Strafbestimmung für verfassungswidrig erklärt hat. Ausgeschlossen worden sind ferner alle politischen Strafverfahren nach § 74a GVG (Staatsschutzsachen) und die erstinstanzlichen Sachen der Oberlandesgerichte und des Bundesgerichtshofs. Streng genommen gehören daher auch nicht die Doppelstrafverfahren, d. h. zweimaliges Verfahren in derselben Sache mit zwei rechtskräftigen Entscheidungen (etwa 30 Fälle) hierhin. Bei diesen Verfahren geht es nicht um das Problem der falschen Sachverhaltsfeststellung, sondern des falschen Prozeßverlaufs. Nach richtiger Auffassung dürfte hier entgegen einer offenbar eingebürgerten Praxis kein Wiederaufnahmeverfahren stattfinden. Vielmehr müßte die zweite Entscheidung über § 458 I StPO für nichtig erklärt werden. Wir bezeichnen sie daher als Pseudowiederaufnahmeverfahren. Doppelverurteilungen geben jedoch unter Umständen einen interessanten Einblick in die Strafzumessungspraxis. So bekam ein Beschuldigter in zwei rechtskräftig gewordenen Strafbefehlen zwar dieselbe Strafe von einem Monat Gefängnis, jedoch einmal mit, das andere Mal ohne Bewährung. Auffallend weit ging die Strafzumessung bei einer falschen eidesstattlichen Versicherung, die in der einen Hauptverhandlung mit 120 DM (anstelle eines Monats Gefängnisses) und in der anderen mit 6 Monaten Gefängnis rechtskräftig geahndet wurde.

Das endgültige Ergebnis der Untersuchungen wird erst in ein bis zwei Jahren vorgelegt werden können. Nach dem Aktenstudium bedarf es nunmehr der Sichtung des Materials nach bestimmten Gesichtspunkten. Das Material soll zunächst nach einigen allgemeinen Gesichtspunkten geordnet werden. Von diesen sei etwa hervorgehoben:

1. Das Problem sich widersprechender Gutachten und zwar
    a) naturwissenschaftlicher Gutachten (Musterbeispiel Rohrbach-Prozeß), weitere Beispiele: widersprechende

Gutachten von Ophthalmologen über eine Augenver-
letzung: (Unfall oder absichtliche Herbeiführung),
verschiedene Gutachten über Identität oder Nichtiden-
tität von Draht zum Nachweis eines Diebstahls, verschiedene Gutachten über Selbstentzündung bei Stroh
im Fall der Brandstiftung, entgegengesetzte erbbiologi-
sche Gutachten über Vaterschaft;

b) psychologischer Gutachten, so bei der Glaubwürdig-
keitsuntersuchung und bei der Schriftbegutachtung;

c) psychiatrischer Gutachten zur Frage der Schuldfähigkeit.

2. Das Problem des falschen Geständnisses. Es taucht häufiger
auf, als zu Beginn der Forschungen zu erwarten war. Wir
haben mehr als 50 Fälle eines falschen Geständnisses. Das
Problem muß im Gesamtzusammenhang mit einer allgemein forensischen Tatsache gesehen werden, nämlich des
annormalen Verhaltens Gerichtsfremder im Prozeß.

3. Das Problem des Wiedererkennens. Schulfall: der bereits
erwähnte Weidener Wiederaufnahmefall Burke.

4. Das Problem der Greisenkriminalität.

5. Das Problem der Belastung durch Mitbeschuldigte.

6. Das Problem falschen Verhaltens der Strafverfolgungs-
behörden (Polizei, Staatsanwalt, Untersuchungsrichter,
Richter).

Die Zahl der auftauchenden allgemeinen Probleme ließe sich
vermehren. Ich möchte mich aber auf beispielsweise Hinweise
beschränken. Daneben ergeben sich jeweils besondere Probleme
aus den einzelnen Deliktsgruppen; so vor allem beim Mord,
Totschlag, Brandstiftung, Urkundenfälschung, Unterhaltspflicht-
verletzung (Unterlassung der Prüfung, ob der Angeklagte überhaupt der Erzeuger sein kann!), Vermögensdelikten, Verkehrs-
delikten und vor allem bei Sittlichkeitsdelikten, unter besonderem Herausragen der Sittlichkeitsdelikte gegen Kinder, der
Lehrerprozesse und der Notzuchtsfälle. Jede Deliktsart hat
offenbar ihre typischen Fehlerquellen, deren Nichtbeachtung zu
falschen Ergebnissen führt. Die allgemeinen und besonderen
Fehlerquellen mischen sich selbstverständlich.

## II.

Es ist nun die Frage, ob sich bereits bei der bisherigen Aktendurchsicht schon bestimmte Erkenntnisse aufdrängen, sich schon bestimmte Forderungen aufstellen lassen und zu bestimmten Vorstellungen Stellung genommen werden kann. Ich glaube, daß das tatsächlich der Fall ist und möchte unter Vorbehalt etwaiger späterer Korrekturen einige Sätze herausstellen. Diese Korrekturen und Ergänzungen werden sich vor allem aus dem Vergleich des vorhandenen Materials, aus der Auswertung der im Schrifttum mitgeteilten Fälle der Gegenwart und Vergangenheit, des In- und Auslandes und aus der Benutzung des kriminalistischen Schrifttums überhaupt ergeben. Bei der Fülle des Materials muß ich mich auf eine thesenartige Zusammenstellung beschränken. Gleichzeitig möchte ich damit auf einige allgemein gängige Auffassungen kritisch eingehen:

1. Man hört vielfach die Auffassung, daß, falls ein Wiederaufnahmeverfahren für begründet erklärt wird, dem Angeklagten der lange Zeitablauf zugute komme und daher der Freispruch in Wirklichkeit nichts gegen das frühere Urteil besage. Mir scheint in diesem Satz eine Verharmlosung des Problems zu liegen. Die Fälle, in denen infolge Zeitablaufs eine Klärung infolge Schwindens der Erinnerung nicht mehr möglich war, kommen natürlich vor. Sie sind aber in unserem Material selten. Sie spielen eine Rolle bei bestimmten Deliktsgruppen, wie Landfriedensbruch, Totschlag und Körperverletzungen in Massensituationen. Der Zeitablauf würde übrigens meist bedeutungslos sein, wenn die ursprünglichen Ermittlungen nicht einseitig, ungenau und oberflächlich geführt worden wären. Meist liegen aber die damals getroffenen Feststellungen eindeutig fest, so daß durch Beibringung neuer Tatsachen und Beweise das frühere Beweisergebnis in Frage gestellt oder widerlegt wird. Es scheint mir einer der maßgeblichen Gründe für ein späteres Wiederaufnahmeverfahren die ungenügende Sachklärung zu sein. Jedes Strafverfahren bedarf einer umfassenden Klärung.

2. Das Schicksal eines Strafverfahrens wird im Ermittlungsverfahren bzw. in der Voruntersuchung entschieden. Schöpfen Polizei, Staatsanwaltschaft und Untersuchungsrichter die Er-

mittlungsmöglichkeiten nicht aus oder machen sie bei den Ermittlungen Fehler, so ziehen sich die Mängel durch das gesamte
Verfahren. In der Hauptverhandlung sind Mängel nur schwer
zu beheben. Dazu fehlt es dem erkennenden Gericht an der notwendigen Beweglichkeit zur Erforschung des Sachverhalts. Das
erkennende Gericht ist im Wesentlichen an die beigebrachten
Beweismittel und den Akteninhalt gebunden. Der Akteninhalt
ist offenbar nicht immer vollständig. Es fehlen — übrigens auch
nach meinen Erfahrungen aus der Praxis — häufig die polizei-
lichen Unterlagen über ergebnislos verlaufende Spuren, die aber
für den Richter, Staatsanwalt und Verteidiger außerordentlich
wichtig sein können.

Fälle, in denen sich ein anfänglich gemachter Fehler bis zur
rechtskräftigen Verurteilung durchschleppt, sind keineswegs
selten. Einem ganz primitiven Übersehen fielen Kriminalpolizei,
Staatsanwalt, Gericht und Verteidiger in dem von mir in dem
Buch: „Zeugenlüge und Prozeßausgang" beschriebenen Weizen-
diebstahlprozeß (1922) zum Opfer. Ein Eisenbahnwaggon wurde
auf einem ländlichen Bahnhof erbrochen. Die Untersuchungen
des örtlichen Polizeibeamten führten zu keinem sicheren Ergebnis. Beamte der Landeskriminalpolizei fanden in der Nähe des
erbrochenen Waggons ein an einen gewissen Messer gerichtetes
Rechnungsformular. Daraus schloß man auf die Beteiligung des
Messer, der schon einmal wegen Eisenbahndiebstahls angeklagt,
aber nach § 51 I StGB freigesprochen worden war. Da Messer
auch durch Zeugen belastet wurde, wurde er angeklagt und zu
zwei Jahren Gefängnis verurteilt. Tatsächlich war er unschuldig,
wie sich später durch Ermittlung der wirklichen Täter ergab.
Die Belastungszeugen hatten die Unwahrheit gesagt. Das Rechnungsformular war nachträglich von dem Haupttäter, der den
Verdacht auf den ihm bekannten, früher einmal unter § 51 I
StGB gefallenen Messer ablenken wollte, in die Nähe des
Waggons hingelegt worden. Alle Beteiligten hatten übersehen,
daß es zwischen dem Diebstahl und dem Auffinden des Zettels
geregnet hatte und der Zettel infolge des Regens ein anderes
Aussehen hätte haben müssen. Der aufgefundene und zu den
Akten genommene Zettel galt im Grundverfahren als unumstöß-
liches Beweismittel.

3. Besonders mangelhaft sind die Aufklärungen im summarischen Verfahren, insbesondere im Strafbefehlsverfahren. Etwa ein Achtel unserer Wiederaufnahmeverfahren sind solche gegen Strafbefehle. Zum Teil liegen diesen Strafbefehlen außerordentlich schwierige Sachverhalte zugrunde: Verkehrsdelikte, Unterschlagungen und Betrügereien von Vertretern, falsche eidesstattliche Erklärungen und Abtreibungen. Man gewinnt den Eindruck, daß in solchen Fällen von der Staatsanwaltschaft der Strafbefehlsantrag gestellt wird, bevor die Sache einwandfrei geklärt ist, in der Erwartung, daß der für den Täter gehaltene Beschuldigte sich mit der beantragten Strafe zufrieden geben wird, oder aber, falls er sich nicht zufrieden gibt, die Sache schon in der Hauptverhandlung geklärt werden wird. Das ist aber vielfach nicht möglich. Die Erfahrungen, die wir nach dem Aktenmaterial, aber auch sonst in der Praxis gemacht haben, veranlassen mich zu der dringenden Forderung, in Strafbefehlen von der Verhängung von Freiheitsstrafen abzusehen. Derartige summarische Verfahren eignen sich nicht zur Anordnung des Freiheitsentzuges, ganz abgesehen davon, daß sie eine der Quellen für die unerfreulich kurzen Freiheitsstrafen sind. Die Häufigkeit der Anwendung der kurzen Freiheitsstrafe wird durch das vom Einzelrichter angefallene Gesamtmaterial deutlich illustriert.

4. Eine der auffallendsten Tatsachen ist das Nichtfertigwerden des Rechtsunterworfenen mit dem Prozeß. Naheliegende Beweismittel werden nicht beigebracht. Der sich unschuldig fühlende Beschuldigte bemerkt nicht, wie sich die Indizienkette um ihn schließt. Das Gefühl der Unschuld gibt ihm Sicherheit, vor der ihn jeder Jurist warnen würde. Bei den Vernehmungen verhält er sich töricht. Er unterschreibt Protokolle, ohne sie richtig in ihrer Bedeutung verstanden zu haben. Fragen, die an ihn gerichtet werden, versteht er nicht. Er weiß nicht, was sie bedeuten. Infolgedessen reagiert er falsch und ungeschickt. In der Hauptverhandlung spielt er seine Rolle vielfach maskenhaft. Aus seinem der Wirklichkeit nicht entsprechenden Verhalten zieht das Gericht falsche Schlüsse. Wie wenig die Persönlichkeit eines Angeklagten in der Hauptverhandlung herauskommt, beweisen mehrere Verfahren, in denen kurze Zeit nach der Verurteilung im Strafvollzug Geisteskrankheit festgestellt

wurde. In einem Fall schrieb der Anstaltsarzt unmittelbar nach
der Hauptverhandlung: „Jeder Laie kann die offenbare Geisteskrankheit erkennen." Anscheinend hat sich der geisteskranke
Angeklagte rollengemäß, d. h. wie ein üblicher Angeklagter verhalten. Das Urteil selbst, ob richtig oder unrichtig, gibt eine
Schockwirkung, die ein wohlüberlegtes Handeln ausschließt. Es
wäre sonst unverständlich, daß Verurteilte, deren Unschuld
sich später im Wiederaufnahmeverfahren herausstellt, ein ver-
urteilendes Erkenntnis annehmen. Aus der bloßen Annahme
eines Urteils durch einen bisher bestreitenden Angeklagten kann
keineswegs eine Anerkennung der Schuld geschlossen werden,
wie es im Schrifttum und in der Praxis zuweilen geschieht. Wie
wenig Beschuldigte mit der Juristensprache fertig werden, zeigt
sich an der Tatsache, daß die Beschuldigten die gerichtlichen Be-
lehrungen über Fristen, seien sie schriftlich oder mündlich, weithin nicht verstehen. Eine besonders auffallende Unkenntnis vom
Prozeß hat der Angeklagte bewiesen, der zweimal in mündlicher
Verhandlung, und zwar einmal in Hannover und einmal in
Bielefeld, sich wegen derselben eidestattlichen Versicherung hat
rechtskräftig verurteilen lassen, eine Tatsache, die erst der Rechts-
pfleger feststellte.

Sehr eindrücklich macht das Aktenmaterial deutlich, daß wir
Juristen allzuoft von der völlig falschen Voraussetzung aus-
gehen, daß der Gerichtsfremde, sei es der Beschuldigte, sei es der
Zeuge, sich im Verfahren wie unter normalen Gegebenheiten
verhält, daß er sich so darstellt, wie der Jurist möglicherweise
sich selbst in dieser Situation verhalten würde, daß er sich sach-
gerecht verhält und äußert, daß er sich wirklich in der Kontrolle
hat. Die Gerichts- und Verfahrensatmosphäre belastet nicht nur
Kinder und Jugendliche, sondern auch Erwachsene. Für die
Wahrheitsfindung ist eines der grundlegenden Probleme die
Frage, wie man eine für die Wahrheitsfindung geeignete Atmosphäre des Verfahrens schaffen kann.

Als Sonderproblem von erheblicher Bedeutung stellt sich die
Frage nach den Gründen des falschen Geständnisses. Sicher
kommt auch das Motiv des Wichtigtuens vor. In einem Mordfall, in dem später der wirkliche Täter gefaßt wurde, hat es tatsächlich eine Rolle gespielt. Meist aber beruht es darauf, daß der
Beschuldigte dem Verfahrensdruck nicht gewachsen ist. Ich

denke da vor allem an zwei Brandstiftungsfälle, an einen Mordfall, Fälle, bei denen sich die Täterschaft eines anderen erwies.
Es kann gar nicht genug die Forderung unterstrichen werden,
daß das Geständnis durch objektive Beweise untermauert werden muß. Neben dem Geständnis müssen echte selbständige Beweise gefunden werden. Der immer wiederkehrende Satz, durch
den die Richtigkeit des Geständnisses dargetan werden soll,
nämlich, daß die Einzelheiten, die der Beschuldigte bei seinem
Geständnis angab, nur der Täter wissen könne, erweist sich
nachträglich als Trugschluß. Durch die ständigen Vernehmungen, durch die Art der Fragestellung und unter Umständen
aus Einzelheiten der Örtlichkeit kann sich auch der anpassungs-
fähige Nichttäter ein Bild vom Geschehenshergang machen und
es dem vernehmenden Beamten darlegen; erstaunlicherweise
sogar der schwachsinnige Täter.

5. Die Verfahrensatmosphäre ist aber nicht nur eine Gefahr
für den Gerichtsfremden, sondern auch für den Gerichtsnahen,
sogar für den Richter. Aus unseren Akten ergibt sich die auch
uns zunächst überraschende Tatsache, daß in Verfahren, die
dem Strafverfahren folgten, und zwar sowohl in Zivilprozessen
als auch in Disziplinarverfahren eine andere und zwar eine
bessere Sachverhalts- und Persönlichkeitsklärung erfolgte als im
Strafverfahren.

Was gemeint ist, zeigt am deutlichsten ein Brandstiftungsfall,
in dem der Angeklagte, ein Bauer, wegen Brandstiftung an
seinem Gehöft zu einer Zuchthausstrafe verurteilt worden war.
Der Bauer klagte nach der Verurteilung vor dem Zivilgericht
gegen die Versicherung auf Auszahlung der Versicherungs-
summme. Die Zivilkammer kam zu der Auffassung, daß keinerlei Beweis für eine Brandstiftung erbracht sei. Die Zivilkammer
setzte sich mit jedem einzelnen Beweisgrund, aus dem die Strafkammer die Täterschaft herleitete, auseinander und legte dar,
warum dieser Beweisgrund nur ein Scheingrund sei. Die Strafkammer hatte, wie sich aus dem Urteil ergab, äußerst emotional
die Täterschaft festgestellt. Bei Strafverfahren gegen Beamte hat
sich häufig erst im Disziplinarverfahren ergeben, daß der Beamte schuldunfähig war, obwohl schon im Strafverfahren aus
den Akten Auffälligkeiten zu entnehmen gewesen wären.

So ergibt sich die Frage, ob unser Strafverfahren tatsächlich ein Höchstmaß an Sicherheit hinsichtlich der Wahrheitsermittlung gewährleistet. Der Grundsatz der freien Überzeugungsbildung, auf den keinesfalls verzichtet werden kann und darf, hat, was auch nicht übersehen werden sollte, seine gefährlichen Seiten. Die Gefahr ist nur dann verringert, wenn die Ausbildung der Strafrichter gewährleistet, daß sie die Grundlagen der Beweisgewinnung, d. h. Kriminalistik und Aussagepsychologie voll beherrschen. Mit Sorge muß auch festgestellt werden, daß der Wahrheitsgehalt positiver Beweisgebote oder früherer negativer Beweisverbote, die sicherlich niemand zurückwünscht, dem Bewußtsein völlig entschwunden zu sein scheinen. Jedenfalls dann, wenn keine eindeutigen Sachbeweise vorliegen, sollte zum mindesten bei dem nicht geständigen Täter oder bei dem zwar geständigen, aber nicht durch sein Geständnis überzeugenden Täter der alte Satz der Constitutio Criminalis Carolina gelten, daß zur Überführung die Aussage zweier klassischer Zeugen erforderlich sei. Bei einer nicht geringen Anzahl von Akten bleibt es schwer zu verstehen, wieso das Gericht den Aussagen von charakterlich oder geistig beschränkten Belastungszeugen folgen konnte. Am auffallendsten sind die Verurteilungen wegen Notzucht (23 Fälle), auf Grund der Aussage einer Frau, die freiwillig sich in eine verdächtige Situation begeben hat und später behauptet, sie sei zum Verkehr gezwungen worden. In einem Fall stand die betreffende Frau mit dem später Verurteilten und im Wiederaufnahmeverfahren Freigesprochenen mehrere Stunden in einem Eingang zu einem Hof, wo zur Zeit des Tathergangs noch Lichter aus verschiedenen Fenstern leuchteten. Weder der Vorgang noch das Vorleben der Frau erwies sie als klassische Zeugin im Sinner der Carolina und heutiger Auffassungen. Es begegnen in den Akten gerade auf dem Gebiet der Sittlichkeit mehrfach Fälle, in denen wir vor 35 Jahren überhaupt nicht einmal daran gedacht hätten, auch nur anzuklagen.

Gegenüber dem Zivilverfahren und dem Dienststrafverfahren besteht im Strafverfahren dann eine stärkere Gefährdung für die Wahrheitsfindung, wenn das Strafverfahren durch Auslösung ethischer Werturteile — ich möchte ausdrücklich betonen, daß ich die sozialethische Grundlegung des Strafrechts durchaus anerkenne — zu emotionalen Erregungen führt, die namentlich im Zivilprozeß fehlen. Die Zuverlässigkeit der objektiven Tatsachenfeststellung kann dadurch beeinträchtigt werden, daß das Strafverfahren über seine unmittelbare Aufgabe der Sachverhaltsaufklärung und der Aburteilung eine sittenbildende Aufgabe gegenüber der Allgemeinheit hat. Ein Freispruch mindert diese sittenbildende Wirkung. Er wirkt daher unbewußt als ein störendes Element. Die Staatsanwaltschaft sollte daher schon ihrerseits beweismäßig nicht hinreichend gesicherte Anklagen nicht erst erheben. Das Interesse, das die Allgemeinheit vielfach am Strafverfahren nimmt, wirkt eher ungünstig als günstig. Es ist auch die Frage, ob der Untersuchungsgrundsatz, der dem Richter die Verantwortung für die Wahrheitsfindung und damit die Wahrheitsfindung in die richterliche Aktivität stellt, wirklich der Wahrheitsfindung mehr dient, als der den Zivilprozeß beherrschende Grundsatz der Verhandlungsmaxime und der Parteiherrschaft. Es wäre doch der Untersuchung wert, inwieweit der Untersuchungsgrundsatz den Richter in die Rolle des Strafverfolgungsorgans setzt, das den Prozeß zu einer Sache des Richters macht. Derartige Gedanken zwingen nicht zu einer Änderung unseres deutschen Strafprozesses. Sie sollten aber Anlaß geben, seine besonderen Gefahrenpunkte zu erkennen. Es sei nochmals hervorgehoben, daß die sicherste Gegenwehr gegen voreilige Schlüsse in der Überzeugungsbildung eine hinreichende kriminalistische Ausbildung darstellt, die sicherlich nicht den Sachverständigen entbehrlich machen wird, aber eine Gewähr dafür bietet, daß der Richter die Beweisschwierigkeiten, die Beweismöglichkeiten und die Beweismethoden nicht nur erkennt und kennt, sondern auch Wege sieht, wie er die gesichertste Beweisführung ansetzen kann und wie er in der gesichertsten Weise die Beweisführungsergebnisse zu würdigen hat.

6. Damit stellt sich als eines der schwierigsten Probleme das Verhältnis von Richter und Sachverständigen.

Der Ausgangspunkt kann nicht zweifelhaft sein. Verantwortlich für das Urteil ist und bleibt der Richter. Der Sachverständige ist weder Strafverfolgungsorgan, wozu er nach unseren Akten auch gelegentlich einmal neigt, noch endentscheidendes Organ, sondern er ist Beweismittel. Er ist nicht anders Richtergehilfe als der Zeuge. Er ermöglicht dem Richter die *Beurteilung*, wie der Zeuge dem Richter die *Kenntnis* vermittelt.

Auch hier können nur einige Gedanken thesenartig vorgetragen werden.

a) Es werden sowohl zu wenig als auch zu viel Sachverständige hinzugezogen. Unter den untersuchten Wiederaufnahmeverfahren beruhen mehr als 20% auf Verkennung der Schuldunfähigkeit nach § 51 StGB. Die Fälle, in denen der Richter im Grundverfahren überhaupt keinen Sachverständigen hinzugezogen hat, überwiegen dabei ganz erheblich. Daraus ergibt sich, daß der Richter trotz später festgestellter oder doch zu vermutender Geisteskrankheit keinerlei Verdacht hinsichtlich der Nichtverantwortlichkeit des Täters geschöpft hat. Selbstverständlich kann der Richter, namentlich bei leichterer Kriminalität nicht immer die Möglichkeit einer geistigen Erkrankung in Betracht ziehen, sofern nicht diese Kriminalität — was freilich oft genug der Fall ist — durch Art ihrer Ausführung oder durch personelle Auffälligkeiten Anlaß zu Zweifeln geben sollte[4]. Jedoch sollte kein Sittlichkeitsverfahren gegen Personen über 60 Jahre, namentlich wenn sie sich Zeit ihres Lebens sozial einwandfrei verhalten haben, ohne einen psychiatrischen Sachverständigen durchgeführt werden. Dieser Lehrsatz, den mir vor 35 Jahren schon mein damaliger Oberstaatsanwalt beibrachte, ist bedauerlicherweise auch heute noch nicht Allgemeingut der Gerichte.

Soweit Sachverständige von den Gerichten hinzugezogen worden sind, erweist es sich — übrigens gilt entsprechendes für die Glaubwürdigkeitsprüfung, ja vielleicht sogar ganz allgemein für die Sachverständigentätigkeit — daß es ungenügend ist, lediglich in der Hauptverhandlung ein mündliches Gutachten erstatten zu lassen. Ungenügend sind in aller Regel auch bloße ambulante Untersuchungen zu § 51 StGB. Vor allem ist hervorzuheben, daß eine kurze Untersuchung durch den Amts- oder Gerichtsarzt in aller Regel keine hinreichende Sicherheit für die Richtigkeit des Ergebnisses der gutachtlichen Äußerung bietet.

---

[4] In zwei Fällen ist erst nach der siebenten Verurteilung die Geisteskrankheit festgestellt worden. Das führte dann zu einer Kettenreaktion von Wiederaufnahmeverfahren.

b) Bedenken erregt dagegen der Umfang der Hinzuziehung von Sachverständigen zur Frage der Glaubwürdigkeitsprüfung von Aussagen. Sie findet nämlich auch dort statt, wo die Glaubwürdigkeit mit einer zur Verurteilung ausreichenden Sicherheit nicht mehr festgestellt werden kann. Wir haben annähernd 70 Sittlichkeitsverfahren, in denen es um die Glaubwürdigkeit von Aussagen junger Menschen geht. Sowohl aufgrund unseres Aktenmaterials als auch aufgrund sonstiger Erfahrungen kann ich den heute weitverbreiteten Optimismus hinsichtlich der Glaubwürdigkeit kindlicher und jugendlicher Aussagen nicht teilen. Es wird m. E. nicht genügend berücksichtigt, daß jede Aussage eine Persönlichkeitsleistung ist, deren unbedingte Zuverlässigkeit nur dann, freilich nicht immer dann gewährleistet ist, wenn die Aussageperson charakterlich und psychisch einwandfrei ist oder die Aussage wenigstens durch zuverlässige objektive Beweismittel gestützt wird. Ich möchte ganz entschieden in Frage stellen, ob es möglich ist, in Fällen, in denen sich aus objektiven oder persönlichen Gründen für den Richter Zweifel ergeben, diese Zweifel durch ein Glaubwürdigkeitsgutachten derart auszuräumen, daß die Sicherheit der Täterschaft erwiesen ist. In diesen Fällen können die Gutachten nur zu einer Vermutung oder Wahrscheinlichkeit, nicht aber zur Gewißheit führen. Wir haben eine ganze Reihe von Fällen, in denen sich von vornherein zahlreiche Momente für Zweifel ergaben, die dann aber aufgrund von Sachverständigengutachten ausgeräumt zu sein schienen. Es kam dann zunächst zur Verurteilung, im Wiederaufnahmeverfahren zum Freispruch. Es ist mir zweifelhaft, ob nicht schon infolge der vorhanden gewesenen Zweifel auf die Anklage überhaupt hätte verzichtet werden sollen. Wir verwenden die Glaubwürdigkeitsprüfung zu Zwecken der selbständigen Überführung des Täters. Ich neige dazu anzunehmen, den Glaubwürdigkeitsuntersuchungen nur eine negative (d. h. ausscheidende) oder positiv ergänzende Funktion in Fällen zuzuweisen, in denen der Richter nach dem Akteninhalt und dem Hauptverhandlungsergebnis keine Anhaltspunkte objektiver oder subjektiver Art zu Zweifeln erlangt hat, er aber dennoch eine Persönlichkeitskontrolle für erforderlich hält. Wir können nicht aus irgendwelchen kriminalpolitischen Gesichtspunkten auf die Sicherheit der Urteilsfindung verzichten. Mir selbst liegt der

24

Jugendschutz, zumal ich auch in der Jugendfürsorge tätig war, durchaus am Herzen. Ich glaube allerdings, daß ihm das notwendigerweise fragmentarische Strafrecht ohnehin nur unvollkommen und äußerst lückenhaft gewährleisten kann. Entscheidend scheint mir hier die vorbeugende Hilfe zu sein, für die ein umfassendes Programm auszuarbeiten wäre.

c) Wir haben mit dem Gesagten bereits ein sehr wichtiges Problem berührt: die Überbewertung von Gutachten in dem Sinn, daß ihnen für die Verurteilung ein höheres Gewicht beigemessen wird, als es vom wissenschaftlichen und kriminalistischen Standpunkt aus gerechtfertigt ist. Als Beispiel seien Schriftvergleichsgutachten angeführt. *Schneickert*[5] weist schon 1929 darauf hin, daß es bei der Schriftvergleichung nicht absolut sichere Unterscheidungsmerkmale gäbe und daher auch grundsätzlich keine absolut sicheren Endurteile der Schriftvergleichung erwartet werden könnten. Daraus ist zu folgern, daß die Schriftvergleichung nur Hinweise, allein aber keinen sicheren Beweis gibt. Wie haben mehrere Verfahren, in denen die Warnung *Schneickerts* nicht beachtet worden ist und sich im Wiederaufnahmeverfahren entgegen dem Schriftvergleichungsgutachten ein anderer Täter herausstellte. Es ist ein schwacher Trost, wenn dann von dem seltenen Fall einer „Doppelhandschrift" gesprochen wird.

Der Richter muß sich bei jeder einzelnen Begutachtungsart klar darüber sein, was er vom Gutachter fordern und erwarten kann.

d) Als Beurteiler muß er daher die zur Begutachtung stehende Materie wenigstens soweit kennen, daß er das Gewicht der betreffenden Gutachtenart kennt, daß er dem Gutachten sachlich kritisch zu folgen versteht und sich mit ihm auseinandersetzen kann. Das ist ganz besonders dann notwendig, wenn ihm verschiedene Gutachten mit entgegengesetzten Ergebnissen vorgetragen werden. Selbstverständlich kann auch der kriminalistisch ausgebildete Berufsrichter, selbst wenn wir ihn hätten, nicht über alle Sachgebiete Bescheid wissen. Jedoch sollten wir unsere Richter nicht derart mit Bagatellen und unnötigen Arbeiten, insbesondere Schreibarbeiten nach der Urteils-

---

[5] SCHNEICKERT, Hans, Kriminaltaktik und Kriminaltechnik, 3. Aufl. Hamburg-Berlin 1929 S. 323.

verkündung überlasten, daß er von einem Verfahren in das andere hetzt. Wie ein Simultandolmetscher vor Antritt seiner Übersetzungsaufgabe bei einem wissenschaftlichen Kongreß sich in mühseliger Arbeit erst mit der Materie befaßt, sollte auch der Berufsrichter die Zeit haben, sich in einen Sachkomplex, der zur Begutachtung steht, einarbeiten zu können. Auf der anderen Seite ist auch vom Sachverständigen zu fordern, daß er dem Richter die Beurteilungsgrundlage beibringt, indem er den Richter über die angewandte Methode aufklärt, über andere vorhandene Methoden unterrichtet und auch Gegenmeinungen angibt, sowie die wichtigste Fachliteratur mitteilt. Das geschieht in der Praxis nur ganz ausnahmsweise. Darin liegt aber die Gefahr, daß das Gutachten den Anschein einer unbestreitbaren Gewißheit erhält, die ihm in Wirklichkeit nicht zukommt. Wo der Richter sich nach Abwägung der verschiedenen Meinungen nicht für oder gegen eine Ansicht entscheiden kann, bleibt ihm nur die Anwendung des Grundsatzes in dubio pro reo.

e) Im Rahmen der Sachverständigentätigkeit ergeben sich sicherlich noch weitere Probleme. Einige seien noch angedeutet. Wichtig scheint mir vor allem eine Klärung der Frage zu sein, ob der ständig mitwirkende Sachverständige oder der für den Einzelfall ausgewählte, gerichtsfremde Sachverständige vorzuziehen ist. Der ständig zugezogene Sachverständige hat den Vorzug, gerichts- und verfahrenskundig zu sein, auch die Sprache des Richters zu verstehen. Es besteht jedoch die Gefahr eines Einspielens und Einstellens aufeinander. Das gilt vor allem vom Gerichtsarzt. Es läßt sich aber auch die Gefahr nicht immer vermeiden, daß der ständige Sachverständige zum Verfolgungsorgan wird. Diese Frage bedarf noch sehr eingehender Prüfung. Ein weiteres Problem stellt die Frage der Aktenkenntnis dar. Es gibt ganz zweifellos Fälle — auch dafür haben wir Aktenmaterial — in denen die Aktenkenntnis das Ergebnis des Gutachtens beeinflußt hat. Die Frage läßt sich nicht einheitlich beantworten. Ein Psychiater, der ein Gutachten zur Frage der Schuldfähigkeit abgeben soll, muß in der Regel die Akten kennen. Geht es nur um Schriftvergleichung, sollte die Vorlage der Vergleichsstücke genügen. Eine Aktenkenntnis durch den Sachverständigen würde weithin entbehrlich werden, wenn Staatsanwaltschaft und Gericht die zu begutachtende Frage hin-

reichend ausgearbeitet und in ausgearbeiteter Form dem Sachverständigen vorlegt.

7. Sehr sorgfältiger Überprüfung bedarf das Problem fehler-
haften Verhaltens der Strafverfolgungsorgane. Es seien hier
zusammenfassend angeführt: einseitig gerichtete Untersuchung,
ungenügendes Ausschöpfen der Beweismöglichkeiten, Verwerten
von Scheinbeweisen, voreilige Urteilsbildung, „harte" Verneh-
mungsdurchführung, mehrstündiges Verhör, Überbewertung des
Geständnisses, Zulassung von Rollenvertauschungen (Richter als
Kriminalbeamter, Kriminalbeamter als Zeuge, Sachverständiger
als Verfolgungsorgan, Mitbeschuldigter als Zeuge) oder gar Anwendung unzulässiger Beweismethoden (Hauptbeispiel Neu-
wieder Fall 1922: Einsetzung eines Kriminalbeamten als Untersuchungshäftling). Beweisverbote sollten nicht als störende Ele-
mente empfunden, sondern in ihrer beweissichernden Funktion
gesehen werden.

8. Aus den sicherlich nicht vollständig dargestellten Möglichkeiten fehlerhafter Sachverhaltsfeststellung ergeben sich deutlich
die Schwierigkeiten urteilender Tätigkeit. Sie liegen, wie ich
meine, zum geringsten Teil auf rechtlichem Gebiet. Wirkliche
Rechtsfehler sind verhältnismäßig selten. Darüber können auch
nicht die Veröffentlichungen der Entscheidungen der Revisions-
gerichte hinwegtäuschen. Weithin entscheiden die Revisions-
gerichte nicht über echte Rechtsfehler, sondern über die Kon-
kretisierung des materiellen Rechtes durch Bestimmung *einer*
Auslegungsmöglichkeit unter juristisch an sich mehrerer mög-
lichen Auslegungen. Diese Vereinheitlichungsfunktion der Revi-
sionsgerichte ist sicherlich sehr bedeutsam. Bei der Sachverhaltsfeststellung gibt es aber nicht die Auswahl unter mehreren denk-
baren Lösungen, sondern es gibt nur ein eindeutiges Ja oder ein
non liquet. Die eine Lösung muß der Richter durch Bewertung
der vorgelegten Beweise finden. Daß der Personalbeweis, der
subjektive Beweis, der Zeugenbeweis unsicher ist, weil viele
Menschen vor Gericht entweder nicht die Wahrheit sagen wollen
— die Lüge spielt eine große Rolle — oder weil sie sich irren —
das kommt noch häufiger vor — oder weil sie einfach kontroll-
los daherreden, eine viel zu wenig beachtete Fehlerquelle, oder
weil sie nach ihren Fähigkeiten nicht in der Lage sind, sich zu-
verlässig auszudrücken, ist weithin bekannt. Der Rohrbach-

Prozeß — man könnte aus unserem Material auch andere Prozesse hinzufügen — hat jedoch auch deutlich gemacht, daß selbst der so scheinbar sichere Sachbeweis trügerisch sein kann. Der Sachbeweis wird in aller Regel wieder durch Menschen, sei es Sachverständige, sei es Zeugen, vermittelt. Er ist in Wirklichkeit weithin ein objektiv-subjektiver Beweis und unterliegt damit wiederum den Auswirkungen menschlicher Unzulänglichkeit. Aus alledem ergibt sich, welch großes Maß an Arbeit der Richter zu leisten hat. Noch schwieriger wird seine Aufgabe, wenn Staatsanwalt und Verteidiger versagen, wenn der Staatsanwalt unvollkommen ermittelt hat und wenn der Verteidiger sich nicht bemüht, Aufklärungsmängel zu beseitigen. Das Mindeste, was vom Verteidiger zu verlangen ist, ist genaue Aktenkenntnis, eingehendes Sichbefassen mit weiteren Aufklärungsmitteln und sorgfältige Vorbereitung der Hauptverhandlung durch eingehende Aussprache mit dem Angeklagten. Urteilsfindung ist eine Teamarbeit aller am Verfahren Beteiligten.

Sicherlich sind 1000 Wiederaufnahmeverfahren im Hinblick auf die umfangreiche Tätigkeit der Strafrechtspflege zahlenmäßig nicht viel. Aber in diesen Vorgängen steckt unendlich viel menschliches Leid. Sie lassen aber noch mehr erkennen, nämlich die Unzulänglichkeit, die bei Ermittlungen und Untersuchungen möglich ist (sehr deutlich bei unseren Brandstiftungsfällen: knapp 20), die Gefahr voreiliger Schlüsse im Rahmen der freien Beweiswürdigung, und eben nicht zuletzt die Unzuverlässigkeit der Beweismittel. Niemand von uns hat die Gewähr, daß diese Mängel nicht auch in anderen Strafverfahren vorliegen können, ohne daß es zum Wiederaufnahmeverfahren gekommen ist, sei es, daß die Mängel noch im Rechtsmittelweg ausgeglichen worden sind, sei es, daß sie überhaupt nicht festgestellt worden sind. Es sei aber noch einmal betont, daß es nicht um Zahlen geht, jedes einzelne Wiederaufnahmeverfahren ist Mahnung und Warnung. Hat man eine solche Fülle an Material innerhalb weniger Räume einer Arbeitsstelle vorliegen, dann ist klar, daß der Bearbeiter dieses Materials tief beeindruckt ist und daß er bestrebt ist, von seinem Eindruck anderen, vor allem der Strafrechtspflege, mitzuteilen. Dabei geht es nicht um Kritik, sondern um Aufbau.

Zweierlei drängt sich mit besonderem Nachdruck auf. Es ist schon gestreift worden: Einmal die Unzulänglichkeit der Ausbildung der Strafjuristen. Das trifft sowohl die Universitäten als auch die Praxis. Die Universität bringt eine einseitige dogmatische Ausbildung. Kriminologie, Kriminalistik und Strafvollzugskunde stehen am Rand. In der Justizausbildung fehlt eine auf den gleichen Gebieten hinreichende Unterrichtung des Strafjuristen. Es fehlt eine Ausbildung des Juristen bei der Kriminalpolizei, im Sozial- und Gesundheitswesen und nicht zuletzt auch im Strafvollzug. Was der junge Referendar an Kenntnissen auf all diesen Gebieten erlangt, ist so gut wie nichts oder tatsächlich nichts. Ich habe den Eindruck, daß unsere strafrechtliche Ausbildung in zweierlei Hinsicht ungenügend ist: einerseits fehlt es an einer hinreichenden philosophisch-rechtsethischen Ausbildung, andererseits fehlt es an einer Ausbildung im Faktischen. Zum Faktischen gehört im Strafprozeß vor allem die Lehre vom Beweis.

Das zweite, was die Zuverlässigkeit der Sachverhaltsfeststellung gefährdet, ist die Überdehnung des Strafrechts. Je mehr das Strafrecht ausgedehnt wird, um so unsicherer werden die Sachverhaltsfeststellungen. Die Zahl der vorhandenen Kräfte ist bei Polizei, Staatsanwaltschaft, Verteidigung und Gericht beschränkt. Daraus folgt der Zwang, sich auf das Wesentliche und Schwerwiegende im Strafrecht zu beschränken. Gerade dessen wird man nicht Herr, je mehr man an Unwichtigem in das Strafrecht einbezieht. Natürlich läßt sich im Einzelfall streiten, was wesentlich und wichtig ist. Jedoch wird damit die grundsätzliche Richtigkeit des aufgestellten Satzes nicht ausgeräumt. Wir sollten aber darüber hinaus auch den Wert richterlicher Arbeit in Rechnung stellen. Aufgabe des Strafrichters ist es, sein Urteil aufgrund zuverlässiger Beweisführung unter Auswertung aller vorhandenen sachlichen und personalen Beweismittel zu finden. Die richterliche Tätigkeit ist mit dem Urteilsspruch beendet. Sie sollte jedenfalls nicht, wie mir ein sehr tüchtiger Tatrichter einmal betroffen sagte, erst nach dem Urteilsspruch beginnen, indem er nun gehalten ist, unendlich lange Begründungen schriftlich niederzulegen. Auch diese Kräfteverschiebung und Kräfteverschwendung gehört zum Thema.

Eine Untersuchung, wie sie zur Zeit in der Tübinger Forschungsstelle durchgeführt wird, will nicht in Kritiksucht die
schwere Last, die dem Strafjuristen obliegt, noch drückender
machen. Sie will vielmehr in der Achtung vor der Verantwortung, die vor allem der Strafrichter trägt, einen Beitrag
zu der immer wieder notwendigen Überprüfung allen mensch-
lichen Handelns leisten. Sie will anregen und zur Diskussion
aufrufen. Sie will vor allem aus dem theoretischen Bereich
Fragen aufwerfen, nicht weil die Theorie alles besser weiß,
sondern weil Theorie und Praxis eine Einheit darstellen — in
Verwirklichung der Gerechtigkeit!

## Neue Kölner rechtswissenschaftliche Abhandlungen

Herausgegeben von der Rechtswissenschaftlichen Fakultät der Universität Köln

---

*Eine Auswahl*

### Über die Grundlagen des Strafprozesses

mit besonderer Berücksichtigung des Beweisrechts
von Dr. Ursula Westhoff
Oktav. X, 173 Seiten. 1955. DM 14,— (Heft 1)

### Die Entscheidung des Revisionsgerichts in der Sache selbst

von Dr. Karl Heinrich Bode
Oktav. XII, 62 Seiten. 1958. DM 7,20 (Heft 12)

### Der Begriff des Nachteils

bei den strafprozessualen Verschärfungsverboten
von Joachim Ganske
Oktav. XIX, 113 Seiten. 1960. DM 12,80 (Heft 15)

### Versuch des untauglichen Täters

Zugleich ein Beitrag zur strafrechtlichen Lehre vom Unrecht
von Dr. Fritz Stöger
Oktav. 87 Seiten. 1961. DM 8,25 (Heft 19)

### Die Untersuchung des Zeugen auf seine Glaubwürdigkeit

von Dr. Ursula Panhuysen
Oktav. XXIV, 155 Seiten. 1964. DM 21,— (Heft 28)

*Einen ausführlichen Prospekt über die gesamte Reihe erhalten Sie auf Anforderung kostenlos vom Verlag.*

---

## Walter de Gruyter & Co · Berlin 30

# Juristische Rundschau

Herausgegeben von Dr. DIETER BRÜGGEMANN, Oberlandesgerichtsrat in Celle, Dr. ROLF DIETZ, Professor an der Universität München, THEODOR KEIDEL, Oberstlandesgerichtsrat in München, Dr. GEORG KUHN, Bundesrichter in Karlsruhe, Dr. GERHARD NEHLERT, Bundesrichter in Berlin, Dr. KARL-HEINZ NÜSE, Oberstaatsanwalt in Berlin, HERMANN REUSS, Rechtsanwalt am Oberlandesgericht in Köln, RUDOLF WASSERMANN, Kammergerichtsrat in Berlin und Dr. KURT WERGIN, Präsident der Rechtsanwaltskammer Berlin. Schriftleitung: Städt. Verwaltungsrätin a. D. L. PAULI

## Die Juristische Rundschau

erscheint monatlich. Umfang je Heft 40 Seiten
Preis vierteljährlich DM 15,—
Vorzugspreis für Studierende und Referendare vierteljährlich DM 12,—
Einbanddecke DM 5,50

## Die Juristische Rundschau

veröffentlicht sorgfältig ausgewählte, von ersten Sachkennern aus Wissenschaft und Praxis kommentierte Entscheidungen aus dem Zivilrecht, Strafrecht und öffentlichen Recht. Über die Rechtsprechung der Bundesverfassungs-, Bundesarbeits- und Bundessozialgerichte informieren regelmäßige Berichte.

## Die Juristische Rundschau

bietet allen Vertretern der juristischen Praxis, Richtern, Anwälten, Verwaltungsbeamten, Syndici von Handelsgesellschaften und von Verbänden all das, was gerade sie angeht.

## Die Juristische Rundschau

... enthält einen allmonatlich erscheinenden ZEITSPIEGEL, der Probleme behandelt, die gerade im Gespräch sind.

**Walter de Gruyter & Co · Berlin 30**

# Zeitschrift
# für die gesamte Strafrechtswissenschaft

Gegründet von Franz von Liszt und Adolf Dochow

Herausgegeben von
Paul Bockelmann, Karl Engisch, Wilhelm Gallas, Ernst Heinitz,
Hans-Heinrich Jescheck, Richard Lange, Eberhard Schmidt,
Hans Welzel

Gesamtschriftleitung Professor Dr. Richard Lange

Jährlich erscheint ein Band von 4 Heften
Preis pro Band DM 64,—, Einbanddecke DM 5,20

Zuletzt erschien: Band 78 (1966)

Gebundene Jahrgänge stehen ab Band 63 (1951) zur Verfügung.
Preise: Band 63 DM 42,—; Band 64—71 je DM 52,—; Band 72—73 je DM 60,—;
Band 74—76 je DM 66,—; ab Band 77 je DM 76,—

# Die Entwicklung jugendlicher Straftäter

Von Dr. jur. Anne-Eva Brauneck

Oktav. VIII, 556 Seiten. 1961. DM 68,—

Sonderdruck: Falldarstellungen und Gesamt-Zusammenfassung
VIII, 257 Seiten. 1961. DM 12,—
(Hamburger Rechtsstudien Heft 49; Cram, de Gruyter & Co.,
Hamburg)

„Dem kriminologisch und kriminalpsychologisch interessierten Leser
kann die vorliegende, auf doch relativ seltenen katamnetischen
Untersuchungsergebnissen fußende aufschlußreiche Arbeit nur emp-
fohlen werden. Schließlich verdient auch noch das sorgfältig ausgewählte und umfangreiche Literaturverzeichnis besondere Erwähnung."

Monatsschrift für Kriminologie und Strafrechtsreform

# Walter de Gruyter & Co · Berlin 30